CONDITION JURIDIQUE

DES

ENTREPRISES D'ASSURANCES

EN SUISSE

PAR

Louis SELOSSE

Avocat

Professeur de droit international à la Faculté libre de Lille.

LYON

IMPRIMERIE VITTE ET PERRUSSEL

30, RUE CONDÉ, 30

—

1888

CONDITION JURIDIQUE

DES

ENTREPRISES D'ASSURANCES

EN SUISSE

CONDITION JURIDIQUE

DES

ENTREPRISES D'ASSURANCES

EN SUISSE

PAR

Louis SELOSSE

Avocat

Professeur de droit international à la Faculté libre de Lille.

LYON

IMPRIMERIE VITTE ET PERRUSSEL

30, RUE CONDÉ, 30

1888

CONDITION JURIDIQUE

DES

ENTREPRISES D'ASSURANCES

EN SUISSE

Les compagnies d'assurances ont été pendant longtemps soumises en Suisse à un régime disparate et compliqué. La condition juridique qui leur était faite dépendait des législations cantonales, et variait par conséquent d'un canton à l'autre. Ici un régime libéral leur était appliqué ; là leur admission et leur fonctionnement étaient soumis à des conditions plus ou moins sévères ; ailleurs on ne s'en préoccupait pas d'une façon spéciale, et on les laissait vivre sous le régime commun de toutes les sociétés (1).

Les auteurs de la constitution de 1874 ont voulu faire cesser ces anomalies et centraliser dans une réglementation unique toutes les règles éparses. L'article 34, alinéa 2, décida que le sort des entreprises d'assurances serait désormais de la compétence de la Confédération et réserva à l'Assemblée fédérale le soin de fournir cette législation uniforme applicable à toute l'étendue du territoire helvétique.

La promesse constitutionnelle fut tenue par la loi du 25 juin 1885, publiée le 4 juillet suivant et déclarée exécutoire à partir du 1er novembre de la même année. Cette loi forme donc le droit commun des entreprises d'assurances, soit indigènes, soit étrangères, qui fonctionnent en Suisse ou se proposent de s'y établir.

La proximité de ce pays et les relations nombreuses qu'y entretiennent les Français fournissent à l'étude de ce document législatif un intérêt tout particulier. Sans doute,

---

(1) Comp. Albert Chaufton. — *Les assurances*, T. II, p. 193.

on ne peut avoir la prétention de le juger aujourd'hui d'une façon complète et définitive, car il faut plus de deux années pour qu'une loi ait donné toute sa mesure, et mis au jour tous ses avantages et tous ses inconvénients. Mais il est permis, dès à présent, d'exprimer un doute sur la valeur des réglementations minutieuses prises par la nouvelle législation. Il est très juste de prémunir le public contre les pièges des entreprises véreuses; mais la multiplicité des entraves paraît bien plus de nature à décourager les sociétés puissantes et anciennes qui n'ont pas besoin d'augmenter leur sphère d'action, qu'à arrêter les spéculateurs qui cherchent à tout prix les affaires.

La loi que nous voulons analyser, peut se résumer en deux propositions :

1° L'entreprise d'assurances, soit sur la vie, soit contre l'incendie, soit contre les accidents, n'est pas un commerce libre en Suisse. Nul ne peut s'y livrer sans autorisation préalable.

2° Non seulement une autorisation est nécessaire au début de l'entreprise, mais pendant tout le cours des opérations une surveillance spéciale est organisée.

CHAPITRE PREMIER

La première proposition se décompose en une série de questions dont la solution en éclairera toute la portée :

1° Dans quels cas l'autorisation est-elle nécessaire ?
2° Par quelle autorité est-elle accordée ?
3° Moyennant quelles formalités ?
4° Au prix de quelles conditions ?
5° Sous la garantie de quelle sanction ?

§ Ier.

Cas dans lesquels l'autorisation est nécessaire.

La réponse est ici facile : la nécessité de l'autorisation préalable est générale et absolue. Elle atteint non seulement les associations qui se livrent à la négociation d'assurances sur la vie, contre les accidents, contre l'incendie, mais même les simples individus s'adonnant pour leur compte à ce genre d'opérations. La loi, en effet, ne parle pas de compagnies, de sociétés ; elle emploie l'expression plus générale : les entreprises d'assurances privées.

Mais ce terme précise en même temps la portée de la

disposition. Il faut que l'association ou l'individu fassent de l'assurance une véritable profession, une habitude, et qu'ils aient le dessein de se livrer à une série d'opérations. Un acte isolé, un contrat particulier fait entre deux personnes, tout aléatoire qu'il paraisse, ne tombe pas sous le coup de la loi. Ce n'est pas l'assurance en elle-même que l'on tient en suspicion, c'est le commerce d'assurances.

D'autre part, et par exception, la loi est déclarée non applicable aux associations dont le champ d'application est localement restreint, telles que les caisses de secours en cas de maladie, de décès, etc., et qui demeurent soumises aux législations cantonales.

§ II.

Autorité qui confère l'autorisation préalable.

L'autorisation préalable est accordée par le Conseil fédéral. On sait que, dans l'économie de la constitution Suisse, ce conseil exerce le pouvoir exécutif. Il se compose de sept membres nommés pour trois ans par l'Assemblée fédérale; c'est elle aussi qui désigne parmi eux le citoyen appelé à les présider, et à porter pendant un an le titre de président de la Confédération.

Le Conseil fédéral est libre d'accorder ou de refuser la demande. Il est maître également de la procédure et peut s'entourer des renseignements utiles par tous les moyens et suivant les procédés qu'il juge convenables. Sa décision n'est susceptible d'aucun recours. Mais il n'est pas dit dans la loi que le rejet d'une demande est définitif, ni même qu'un certain intervalle doit s'écouler avant qu'elle puisse être représentée. On pourra donc, après un échec, revenir sur nouveaux frais devant la même autorité.

§ III.

Formalités à remplir.

Les documents à fournir sont très nombreux ; ils sont exigés des sociétés suisses, *à fortiori* des sociétés étrangères. En outre, celles-ci doivent satisfaire à des conditions particulières.

Les formalités communes sont les suivantes :

« Article 2. Pour pouvoir exercer leur industrie en Suisse, les entreprises privées doivent remplir les conditions ci-après :

« 1° Elles doivent soumettre au Conseil fédéral les docu

ments officiels indiquant les bases fondamentales ainsi que les conditions générales d'assurance de l'entreprise; si elles ont déjà fait des opérations d'assurance avant l'entrée en vigueur de la présente loi, elles auront à fournir, en outre, les données nécessaires sur leur situation antérieure, dans le sens des articles 5 à 8 (statuts, prospectus, tarifs, comptes rendus, comptes annuels, etc.).

« Les données concernant les bases fondamentales et les conditions générales de l'assurance doivent, en particulier, indiquer exactement :

« *a.* Pour les entreprises par actions, le nombre et le capital des actions souscrites, le montant des versements effectués sur celles-ci, et quelles sont les prescriptions en vigueur concernant la responsabilité ultérieure des actionnaires;

« *b.* Pour les entreprises d'assurances mutuelles, s'il existe un capital de fondation et quelles sont les dispositions de détail qui le régissent; si les assurés ou les personnes qui ont conclu une assurance sont responsables pour le total des pertes de l'exercice annuel, et dans quelle mesure.

« 2° Doivent, en outre, être portés à la connaissance du Conseil fédéral :

« *a.* De la part des entreprises d'assurance sur la vie : les tables de mortalité, le taux d'intérêt et les primes nettes, avec indication des suppléments ou de tout autre mode usité pour couvrir les frais d'administration et d'exploitation; les bases et la méthode du calcul de la réserve, ainsi que la méthode de report des primes;

« *b.* De la part des entreprises d'assurance contre les accidents : les bases techniques, d'une manière générale, l'étendue et le mode de la responsabilité (capital, rentes), la méthode de calcul de la réserve pour rentes dues, pour des sinistres annoncés mais non encore liquidés, et des reports de primes pour assurances non encore échues;

« *c.* De la part des entreprises d'assurance contre l'incendie et la grêle, de transports, et autres compagnies contre les avaries subies par des choses : les principes appliqués pour le calcul de la réserve relative aux dommages déjà courus mais non encore complètement liquidés à la fin de l'exercice, de même que les reports de primes pour assurances non encore échues et pour primes versées à l'avance.»

Comme il est facile de le voir, le législateur suisse, en se montrant si sévère, a obéi à deux préoccupations distinctes :

La première série des productions exigées, a pour objet d'assurer le contrôle des ressources de l'entreprise et la vérification de son capital. Ce dessein est louable. Dans l'intérêt général et pour la sauvegarde des fortunes privées, l'Etat possède, incontestablement, le droit de s'enquérir de la solvabilité des associations qui, s'adressant à l'épargne ou visant à corriger les accidents de la mauvaise fortune, s'intitulent elles-mêmes institutions de prévoyance. On peut être partisan très respectueux de la liberté des conventions et désirer cependant pour les entreprises d'assurances un régime spécial. C'est qu'en effet, dans le contrat d'assurances, la situation des parties n'est pas égale, et le poids de l'alea commun ne pèse pas d'une façon adéquate sur chacune d'elles. L'assuré, en payant les primes, fait sortir, dès à présent, une valeur de son patrimoine, tandis que l'assureur ne s'engage que sous condition. Le premier court, outre le risque commun, le risque de l'insolvabilité du second. Si le champ d'action demeurait libre, il serait bientôt envahi par les aventuriers qui transformeraient l'assurance en une de ces loteries où les porteurs de billets perdent leur mise sans gagner jamais, parce que, au jour du tirage, les lots ont disparu avec l'entrepreneur.

La seconde série des documents que la compagnie doit adresser au Conseil fédéral à l'appui de sa demande d'autorisation, est exigée dans une autre intention. Il ne s'agit plus de vérifier la solvabilité de l'assureur, mais d'apprécier la valeur de l'assurance. Ce n'est plus un contrôle des ressources de l'entreprise, c'est une enquête sur sa marche et son fonctionnement, depuis l'établissement des tables de mortalité, le calcul et la forme des indemnités, jusqu'à la méthode du report des primes. Rien n'est oublié.

On peut se demander si, en exagérant ces mesures de détail, le législateur suisse n'a pas outrepassé le but. N'est-ce pas à l'assuré qu'incombe naturellement le soin d'apprécier la façon de procéder de la compagnie à laquelle il s'adresse, et de mesurer l'étendue et les conditions de l'alea qu'il accepte? La concurrence, dans ce genre d'opérations, s'est assez développée pour produire son effet ordinaire : les entreprises rivales ne manquent pas de faire valoir à l'envie les garanties et les avantages qu'elles présentent. Le principal intéressé a toujours le moyen de comparer et de choisir. De plus, le contrôle de l'Etat présente un autre inconvénient auquel on ne songe pas toujours. Lorsque l'entreprise aura été autorisée, ne sera-t-elle pas tentée de présenter ses procédés techniques comme ayant obtenu un diplôme, une sorte de brevet avec garantie du gouvernement?

Les conditions qui viennent d'être énumérées sont imposées à la fois aux entreprises suisses et aux étrangères. Celles-ci doivent, par surcroît, satisfaire à deux prescriptions spéciales :

1° Elles doivent fournir la preuve « qu'elles peuvent, à leur siège social, acquérir des droits et contracter des obligations en leur propre nom ». En d'autres termes, une société étrangère doit justifier qu'elle est valablement constituée dans son pays d'origine, et qu'elle y est reconnue comme personne morale.

2° « Elles doivent désigner un domicile principal en Suisse et un mandataire général, et, de plus, produire une copie de la procuration générale donnée à ce dernier. » Cette exigence finale n'est pas de luxe et remédie à une éventualité dangereuse. N'arrive-t-il pas que l'agent d'une société étrangère passe pour investi des pouvoirs les plus étendus, et que les commettants le désavouent plus tard, en exhibant aux tiers surpris une procuration limitée ? Et mille difficultés naissent de cette antinomie entre l'apparence et la réalité.

§ IV.

Conditions de l'autorisation.

Les conditions moyennant lesquelles l'autorisation est accordée sont au nombre de trois.

D'abord l'autorisation est subordonnée à la fourniture d'un cautionnement dont le chiffre est fixé par le Conseil fédéral. Est-ce une sage mesure de laisser au pouvoir exécutif une latitude si considérable ? Le cautionnement ne peut être égal pour toutes les entreprises, mais au moins est-il intéressant de connaître les bases d'évaluation. Car, si les inégalités ne s'expliquent pas par une proportionnalité facile à contrôler, elles ne pourront écarter le soupçon de partialité, soupçon d'autant plus admissible qu'il peut se rencontrer, parmi les membres du Conseil fédéral, des actionnaires des compagnies en instance ou des compagnies concurrentes.

La seconde condition se comprend mieux. Les assureurs sont tenus de choisir dans chaque canton où ils opèrent un domicile d'élection, indépendamment de leur domicile principal. Ce domicile est attributif de juridiction pour tous les contrats passés avec des personnes qui habitent le canton. Aucune clause ne peut déroger à cette disposition. Cette exigence remédie aux abus des stipulations qui paralysent si souvent, en faveur des assureurs, les principes ordinaires de la compétence, et qui, perdues dans le corps des polices imprimées, passent inaperçues.

La dernière condition est purement fiscale. « Il est prélevé, dit l'article 12 de la loi, sur les entreprises, proportionnellement au chiffre des primes perçues annuellement par elles en Suisse, une contribution à déterminer par le Conseil fédéral à titre d'émolument et de frais d'administration. Cette contribution ne pourra pas dépasser un pour mille. »

§ V.

Sanction de la nécessité de l'autorisation.

La nécessité de l'autorisation préalable est affirmée par l'établissement d'une pénalité rigoureuse prononcée contre ceux qui violent ou éludent la loi. Cette sanction atteint non-seulement les personnes qui exploiteraient directement des entreprises non autorisées, mais encore les simples subalternes ou agents qui feraient, en Suisse, des opérations pour le compte de pareilles entreprises. Le texte, très général, permet d'incriminer toute espèce de concours, sous quelque forme qu'il se présente; disposition intéressante pour les représentants des compagnies françaises, italiennes, allemandes qui possèdent des agences dans la zone voisine de la frontière.

L'infraction constitue ce que nous appellerions, en France, un délit de police correctionnelle.

La pénalité est triple. Elle consiste dans un emprisonnement dont le maximum est fixé à six mois, dans une amende pouvant s'élever à cinq mille francs, enfin, dans une sorte de dégradation ou de déclaration d'indignité par laquelle le tribunal peut interdire aux condamnés, je copie l'expression de la loi, « toute activité ultérieure sur le territoire suisse, en matière d'affaires d'assurance ». Ces pénalités sont facultatives, en ce sens que le tribunal peut prononcer séparément les deux premières ou les cumuler, la troisième demeurant toujours une peine accessoire à la disposition des juges.

Les tribunaux cantonaux sont compétents pour connaître des délits ainsi punis. Leur jugement n'est qu'en premier ressort, et relève en appel du tribunal fédéral.

CHAPITRE II

Ce n'est pas seulement à leur berceau que les entreprises d'assurances sont placées, en Suisse, sous la tutelle gouvernementale; mais, pendant tout le cours de leur existence, à chaque pas, cette tutelle les poursuit d'une surveillance jalouse, confiée à la même autorité qui concède l'autorisation préliminaire, c'est-à-dire au Conseil fédéral.

Comment s'exerce cette surveillance? Quelle en est la sanction? Tels sont les deux points que nous voulons examiner.

§ 1.

Surveillance des entreprises d'assurances.

Le moyen général est nettement indiqué par l'article 8 de la loi. L'assureur ne doit avoir aucun secret pour le Conseil fédéral, il doit vivre avec lui comme dans une maison de verre, et tenir à sa disposition ses locaux, sa caisse, ses livres. Ainsi, aucune limite n'est posée au droit d'investigation qui appartient au pouvoir central.

De plus, des moyens particuliers sont organisés avec une précision remarquable pour que rien n'échappe à la curiosité administrative. L'entreprise d'assurances doit, pour ainsi dire, aller au devant du contrôle auquel elle est soumise. Voici comment :

Tout d'abord, chaque fois qu'une modification est apportée au fonctionnement général des opérations, dont le programme, comme nous l'avons vu, a été remis avant d'obtenir l'autorisation, ce changement doit être officiellement annoncé. Qu'une compagnie transforme, par exemple, les bases du calcul de la réserve ou la méthode de report des primes, elle devra immédiatement en avertir le Conseil fédéral.

Ce n'est pas tout. Année par année, celui-ci doit être mis au courant de la situation des diverses entreprises. Ce contrôle est double : il s'exerce d'abord sur la partie technique ou professionnelle, ensuite sur la partie financière. Les productions exigées doivent être faites dans les six mois qui suivent l'expiration de l'exercice.

Au point de vue professionnel et technique, la loi exige un compte rendu détaillé et un tableau.

Le compte rendu doit contenir (article 5) « pour chaque branche principale d'assurance (vie, accidents, incendie, transports, etc.) et, en ce qui concerne l'assurance sur la vie, pour chaque mode d'assurance :

« 1º L'état de l'assurance au commencement de l'exercice ;

« 2º Pour l'assurance sur la vie, l'augmentation et les sorties volontaires (renonciation, échéance, rachat, etc.) pendant l'exercice, et, pour les autres branches d'assurance, les sommes ou les engagements assurés correspondant à l'encaissement des primes de l'exercice ;

« 3° Le nombre des sinistres survenus pendant l'exercice, ainsi que les sommes payées ou réservées à cet effet, et, pour l'assurance sur la vie le rapport des décès avec la mortalité probable ;

« 4° L'état de l'assurance à la fin de l'exercice, ainsi que l'extension territoriale de l'exploitation de l'assurance ;

« 5° Les données concernant la réassurance, à savoir si et dans quelle mesure l'entreprise a donné en réassurance de ses propres risques, et en outre, si et dans quelle mesure elle s'est chargée des réassurances d'autres entreprises. »

Le tableau qui doit être joint à ce compte rendu exprime « dans les différentes branches d'assurance et pour l'assurance sur la vie, d'après ses divers modes : 1° les assurances en cours au commencement et à la fin de l'exercice, pour autant qu'elles proviennent d'affaires conclues en Suisse ; 2° les primes perçues en Suisse dans le courant de l'exercice ; 3° les sommes assurées échues en Suisse dans le courant de l'exercice. Les données fournies conformément aux §§ 2 et 3 doivent être établies de façon à indiquer les résultats obtenus dans chaque canton en particulier. » (Art. 7.)

Au point de vue financier, le Conseil fédéral doit recevoir, à la même époque, un compte et un bilan.

Le compte annuel contient : « toutes les recettes et dépenses de l'année dans lesquelles chaque branche d'assurance et, dans celle sur la vie, chaque mode de contrat doivent figurer séparément ; en particulier doivent être spécifiés : a) le montant des sommes perçues en primes, intérêts et divers ; b) le montant des sommes dépensées pour restitution de primes, réassurances, pertes, provisions, frais d'administration et autres. (Art. 6.)

« Le bilan doit porter outre les indications d'usage : a) sous la rubrique passif, les réserves pour chaque branche d'assurance et, dans la branche vie, pour ses divers modes, séparément ; les reports des primes doivent être portés distinctement ; b) sous la rubrique actif, les immeubles, les placements de capitaux et titres, d'après leur espèce et leur évaluation ; les frais d'organisation et leur mode d'amortissement, pour autant qu'ils figurent dans l'actif ; ce qui est dû par les agences ; à cet égard, il faut distinguer le solde de compte réel, provenant d'encaissement de primes, du montant des provisions qui peut figurer à titre de créance, sous la rubrique amortissement. »

Comme on le voit, rien n'est oublié dans cette nomenclature des précautions prises en faveur des assurés. C'est le régime restrictif le plus complet, et l'on ne voit pas trop ce qu'on pourrait y ajouter en fait de mesures préventives. Le commerce des assurances devient ainsi en Suisse un commerce à part, contraint de dévoiler le secret de ses opérations, le nom de ses clients, ses misères et ses succès !

Et ces confidences forcées ne demeurent pas renfermées dans le mystère des communications entre les assureurs et l'administration. Outre que les bilans des entreprises sont imprimés dans la feuille officielle suisse du commerce, le Conseil fédéral doit publier, chaque année, un rapport détaillé sur la situation des entreprises soumises à sa surveillance. Qu'on le remarque bien, ce n'est pas un rapport sommaire, mais un rapport *détaillé*, pouvant porter, par conséquent, sur tous les actes de la vie intérieure ou extérieure des compagnies.

Voilà, certes, un genre de réclame dont elles se passeraient bien. Bien qu'on puisse dire que toutes seront ainsi traitées sur le pied d'égalité, la publicité n'en détruit pas moins les conditions ordinaires de la libre concurrence. Elle peut, de plus, rendre irrémédiables des crises ou des malaises passagers qui, n'étant point soupçonnés, auraient trouvé une solution satisfaisante. Elle peut aussi ne pas être du goût des assurés eux-mêmes. N'ont-ils pas parfois de bonnes raisons pour ne pas faire connaître qu'ils sont assurés, pour combien ils le sont et quelles primes ils payent ?

<h3 style="text-align:center">§ 2.</h3>

Sanction de la surveillance.

La sanction des règles qui précèdent est de deux sortes : l'une civile ou administrative, l'autre pénale.

La première consiste tout d'abord dans la faculté donnée au Conseil fédéral d'imposer aux compagnies d'assurances les modifications qui lui paraissent utiles dans leur organisation ou dans leur gestion, lorsque leur situation ne présente plus aux assurés la garantie nécessaire (art. 9). C'est l'intervention directe, l'immixtion flagrante de l'autorité dans des affaires qui regardent des intérêts privés, et d'une efficacité d'autant plus douteuse, qu'elle est sans responsabilité et sans recours. Quelle belle garantie, pour les assurés, si le remède proposé par une administration qui n'est pas rompue au métier difficile d'assureur, étend le mal au lieu de le guérir !

La loi veut bien, incidemment, apporter un léger correctif au pouvoir arbitraire du Conseil fédéral. Celui-ci devra indiquer le délai dans lequel le changement proposé devra être opéré, et dont la durée est, du reste, à sa disposition.

La signification des réformes à introduire constituera

un véritable ultimatum, et voilà la vraie, mais rigoureuse sanction de la surveillance dont nous avons esquissé les traits. Si elles ne sont pas opérées dans le délai voulu, le Conseil prononcera le retrait de l'autorisation.

Cette mesure décisive est sans recours; elle a pour conséquence forcée la liquidation de l'entreprise. Pour en assurer l'exécution, l'Etat retient le cautionnement jusqu'à ce que tous les comptes soient apurés. « Le cautionnement, dit l'article 9, ne sera restitué que lorsque l'entreprise prouvera qu'elle a liquidé tous ses engagements en Suisse, et après une publication faite à trois reprises dans le délai de six mois, aux frais de l'entreprise et dans les feuilles que le Conseil fédéral désignera. Les intéressés devront annoncer leur opposition au Conseil fédéral, dans les délais fixés par la publication, et le cautionnement ne sera rendu qu'en l'absence d'oppositions, ou lorsque celles-ci auront été liquidées, soit à l'amiable, soit par sentence du juge. »

La sanction pénale varie suivant les hypothèses.

D'une façon générale, toutes les fois qu'une compagnie contrevient aux décisions prises à son égard par le Conseil fédéral, elle encourt une amende qui peut être prononcée par lui jusqu'à concurrence de mille francs. Notez que c'est une pénalité prononcée directement par l'administration, sans intervention de l'autorité judiciaire.

De plus, les représentants des entreprises sont personnellement responsables des communications qui doivent être faites au Conseil fédéral. S'ils les laissent incomplètes, ou s'ils en altèrent la sincérité, ils commettent un délit. La peine est la même que celle que nous avons indiquée plus haut; elle consiste dans une amende et dans l'emprisonnement qui peuvent être prononcés séparément, et auxquels le juge peut joindre l'interdiction professionnelle dont nous avons parlé.

La loi se termine par une disposition transitoire, dont l'utilité n'a pas besoin d'être mise en relief : « Les entreprises d'assurance privées qui ont déjà fait des opérations en Suisse et qui ont l'intention de les continuer, sont tenues de présenter au Conseil fédéral, dans le délai de six mois après la mise en vigueur de la présente loi, les justifications requises à l'article 2 ci-dessus. Jusqu'à ce que le Conseil fédéral ait statué sur la demande en autorisation de continuer l'exploitation, les concessions cantonales accordées jusqu'ici, ainsi que les lois et ordonnances cantonales qui y ont rapport, demeurent applicables aux entreprises d'assurance privées. — Cette disposition est également applicable au cas où le Conseil fédéral refuserait l'autorisation demandée, ou lorsqu'une entreprise, ne s'étant

pas pourvue de l'autorisation fédérale, se bornerait à l'exécution des contrats passés par elle avant l'entrée en vigueur de la présente loi. »

Comme on le voit, la loi est rétroactive en ce sens que
les compagnies déjà munies d'une concession, dans tel ou
tel canton, doivent demander néanmoins l'autorisation du
Conseil fédéral. Mais elle ne porte pas atteinte aux droits
acquis, c'est-à-dire que, si l'autorisation fédérale est refu-
sée, ce refus n'emporte pas la déchéance de la concession
cantonale antérieurement obtenue; celle-ci conserve son
efficacité, mais, bien entendu, dans les limites du canton.

Telle est l'économie de la loi suisse de 1885. — L'intention qui a présidé à sa confection est évidente; on veut,
dans la plus large mesure possible, protéger les assurés
contre les propositions plus ou moins alléchantes des
assureurs, et n'ouvrir la porte qu'à ceux qui peuvent
entourer leurs promesses des meilleures garanties d'exécution. L'expérience dira si le but n'a pas été dépassé. Cette
réglementation minutieuse n'empêchera pas, sans doute,
l'éclosion d'entreprises locales et restreintes, opérant sur
la base de la mutualité et, par suite, à des conditions rela-
tivement onéreuses pour les assurés; mais elle écartera
peut-être les grandes compagnies, celles qui méritent le
nom d'internationales, et à qui d'immenses capitaux de
réserve permettent d'opérer à bon marché. Loin de pro-
pager les assurances, on peut se demander si elle n'en
diminuera pas le nombre, notamment les assurances sur
la vie. Tout se paye en ce monde, dit un proverbe. C'est
presque une loi économique, c'est au moins un fait facile
à observer, que les mesures protectrices prises par le législateur sont, tôt ou tard, achetées par celui que l'on préten-
dait protéger.